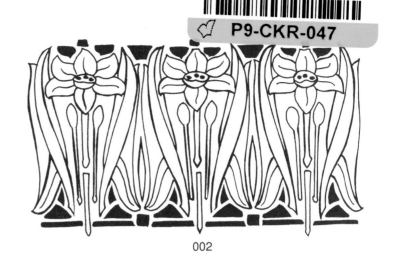

002

001

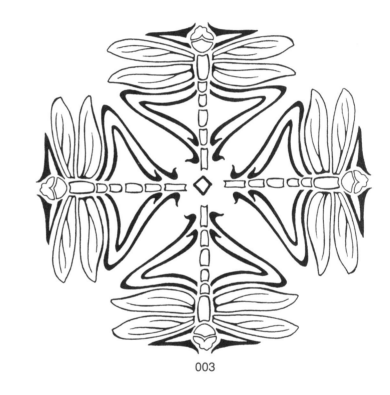

003

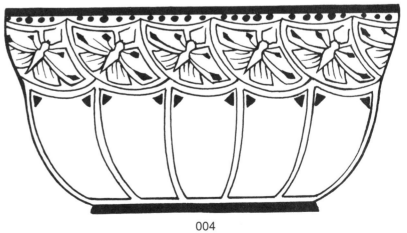

004

1

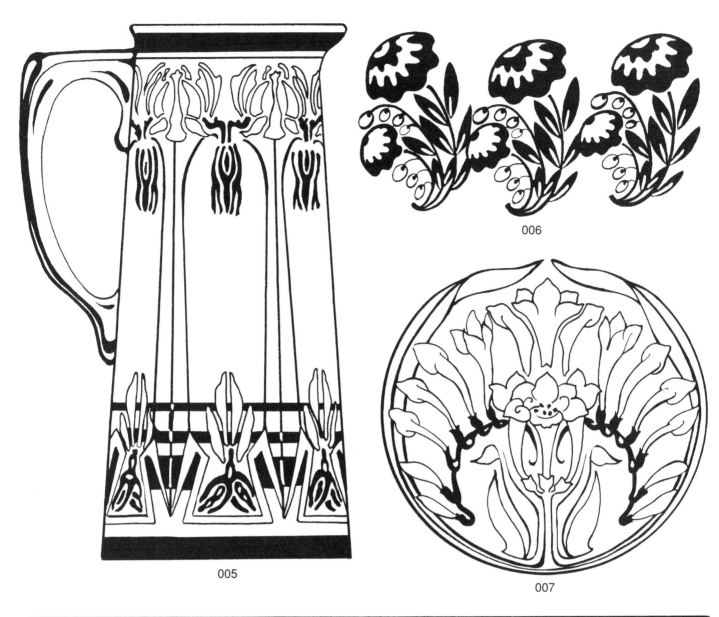

005

006

007

008

009

010

011

012

013

014

015

016

017

018

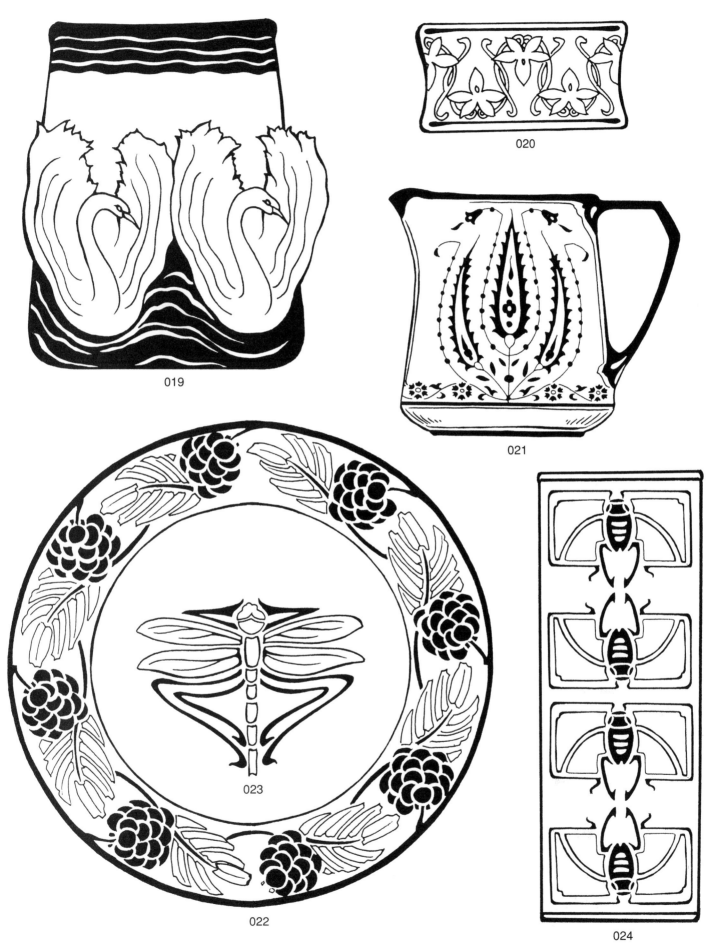

019

020

021

022

023

024

5

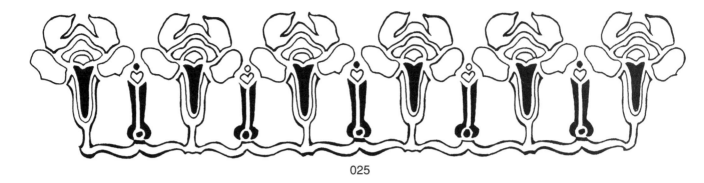

025

026

027

028

029

030

035

036

037

038

039

040

041

042

043

044

045

046

047

048

049

050

051

052

053

054

055

056

057

058

059

060

061

062

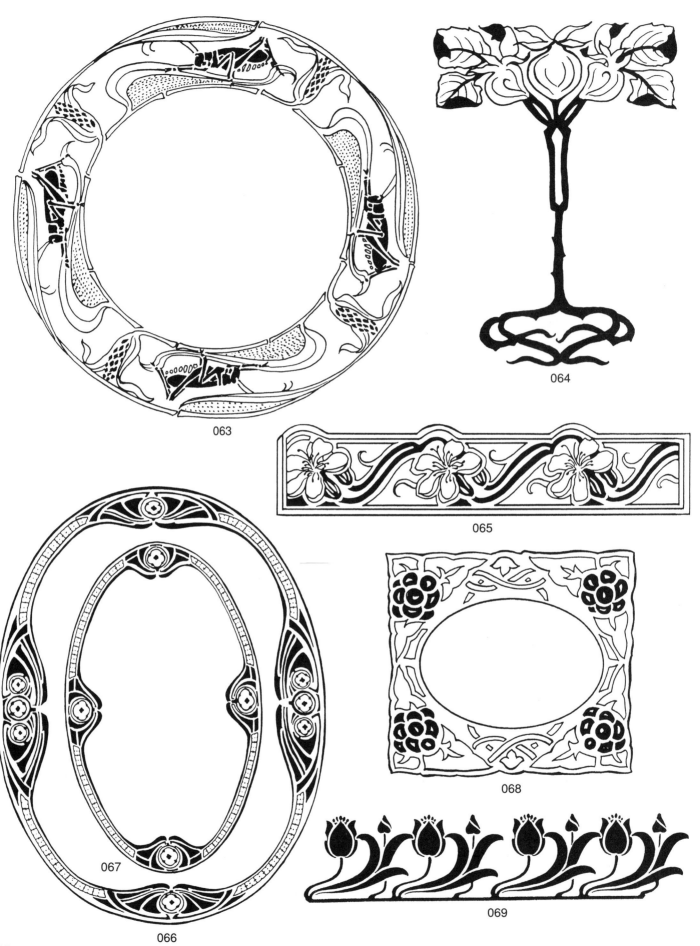

063

064

065

066

067

068

069

070

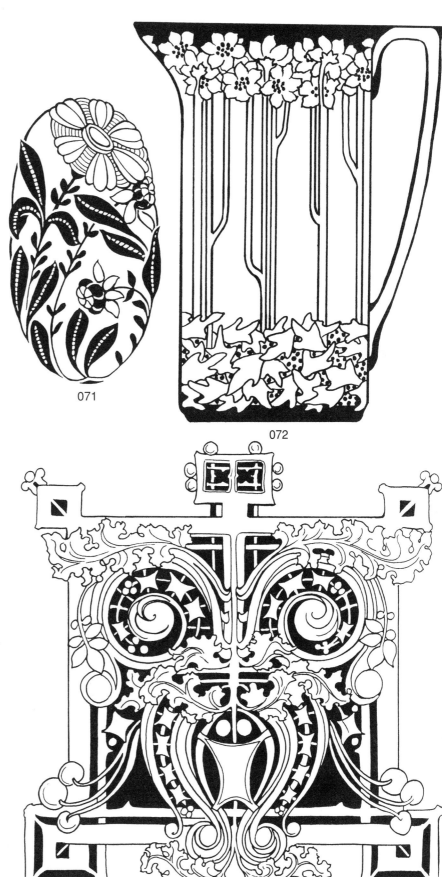

071

072

073

074

075

076

077

078

18

079

080

081

082

083

084

086

087

088

085

089

090

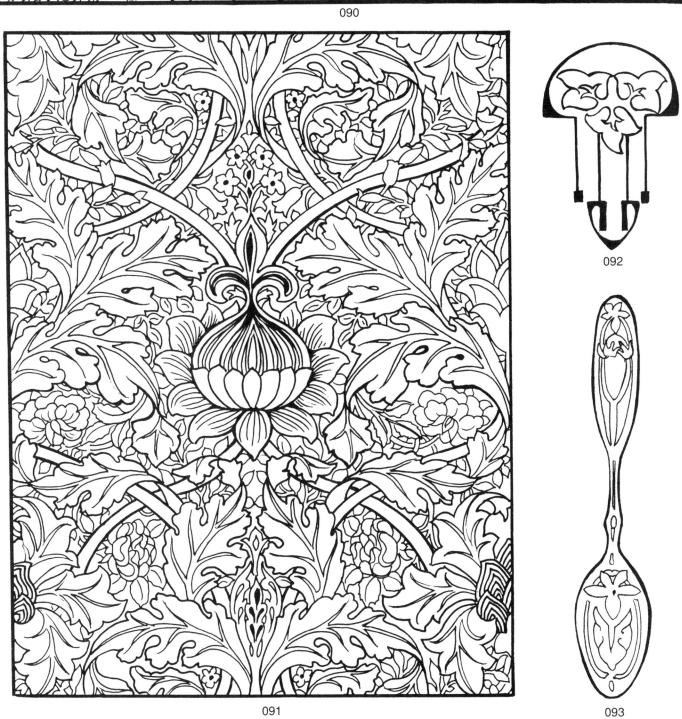

091

092

093

094

095

096

097

098

099

100

101

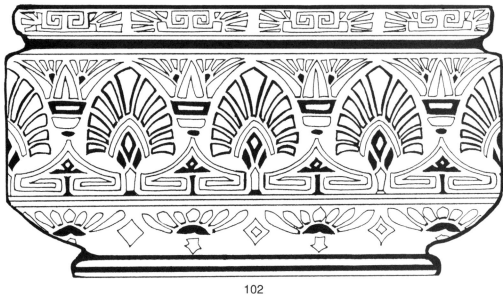

102

104

103

105

106

107

108

109

110

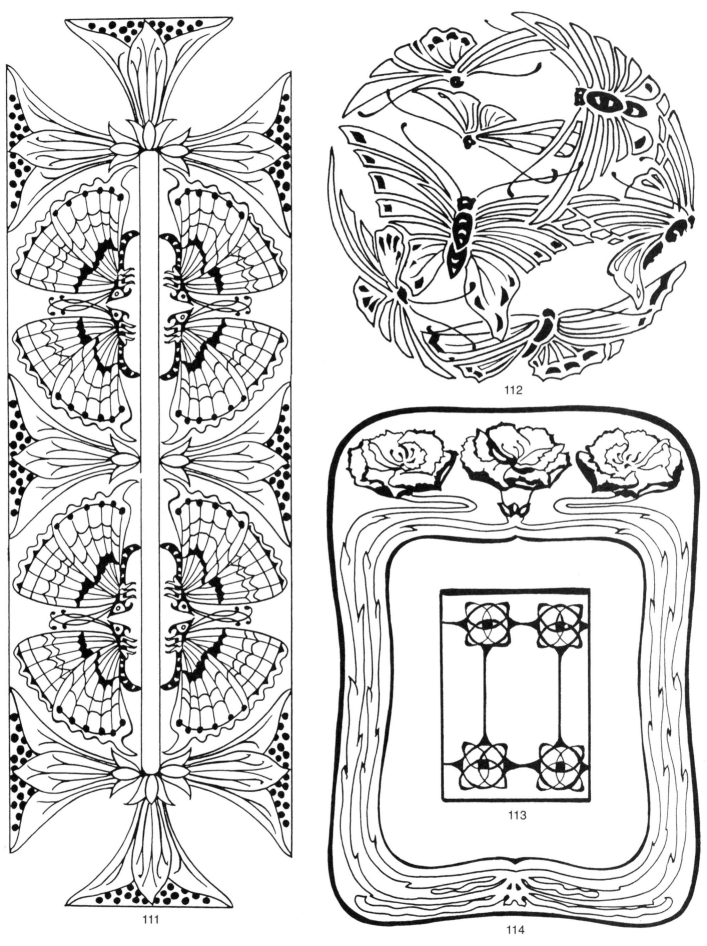

111

112

113

114

115

116

118

117

119

120

121

122

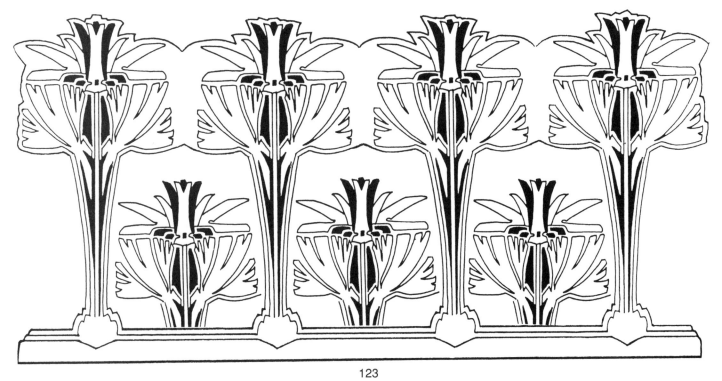

123

124

125

126

127

128

129

130

131

30

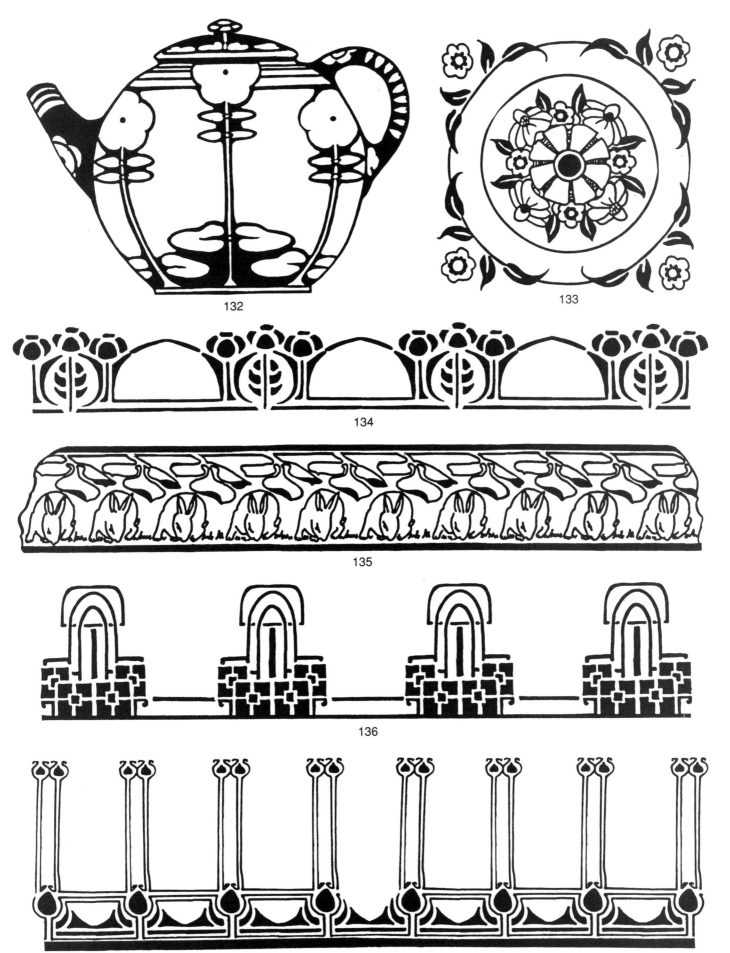

132

133

134

135

136

137

138

139

140

141

142

143

144

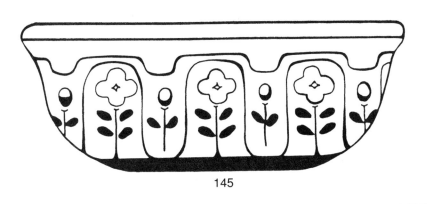

145

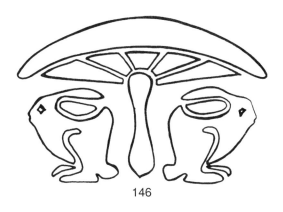

146

147

148

149

150

151

152

153

154

155

156

157

158

159

160

161

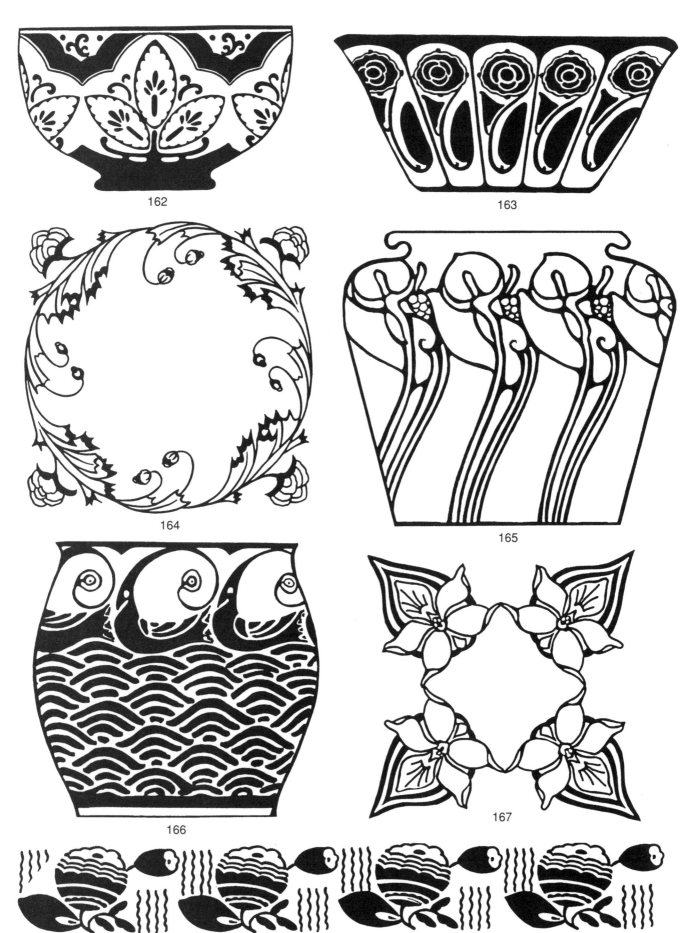

162

163

164

165

166

167

168

169

170

171

172

173

174

175

176

177

178

179

180

181

182

183

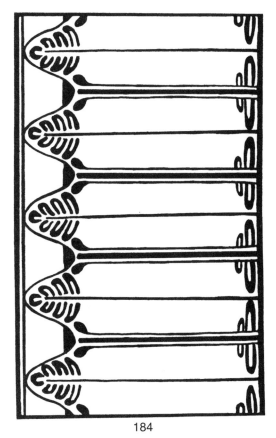

184

185

186

187

188

189

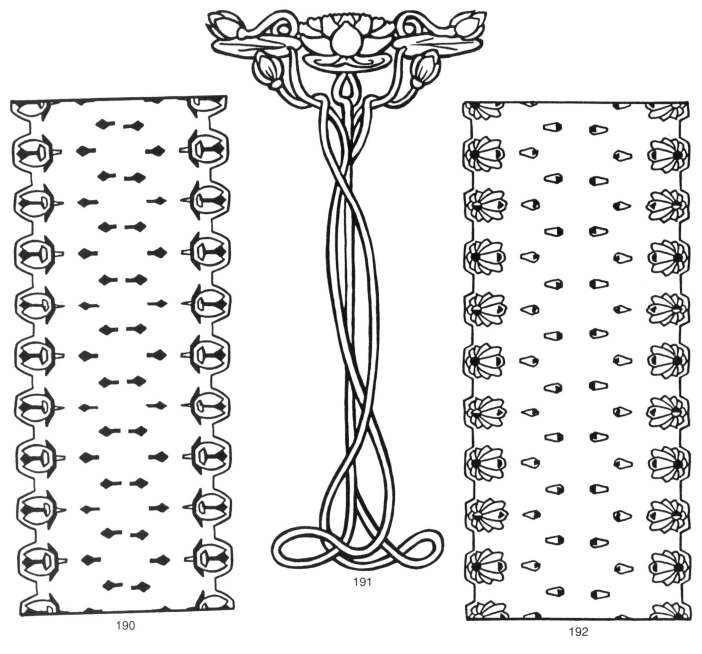

190

191

192

193

194

195

196

197

199

201

200

202

198

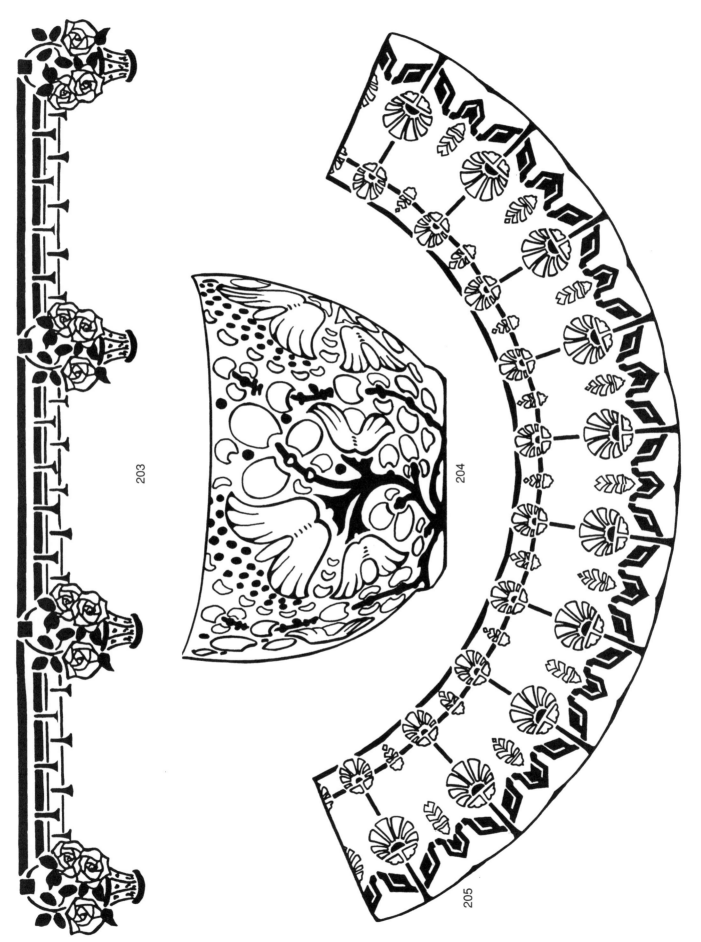

203

204

205

206

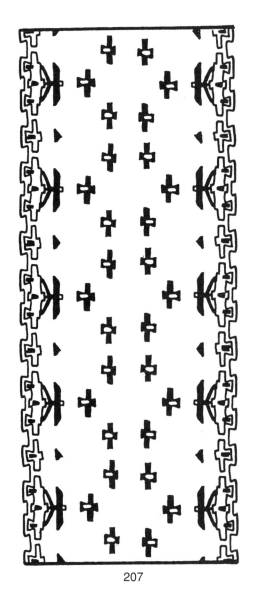

207

208

209

210

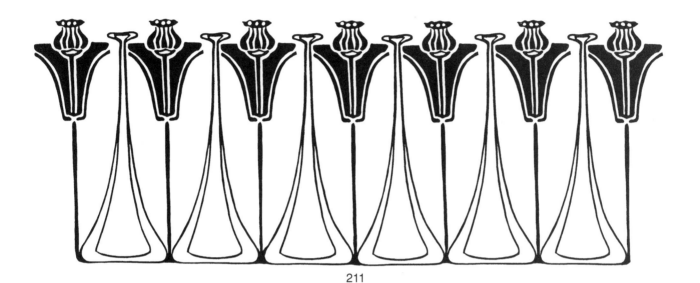

211

212

213

214

215

216

218

217

219

220

221

222

223

224

225

226

228

227

229

230

231